JN419599

충혼탑

※ 동상 현황_ 1.2m(가로)×1.2m(세로)×3m(높이)

백야 김좌진

석오 이동녕

매헌 윤봉길

만해 한용운

우당 민종식

해강 이상재

석주 이종일

치당 임병직

유관순

※ 항일독립운동여성상 6m(가로)×2.6m(세로)×2m(높이)

항일독립운동여성상(항일여성독립운동기념사업회)

80년의 약속

임 종 본 시 집

광복 80주년을 맞이하여
독립의 혼에 몸 바친
사랑을 쓰다

———

The Promise of 80 Years
In commemoration of
the 80th anniversary of
Korea's Liberation, writing
about the love and sacrifice
devoted to the spirit of
independence

동학사

독립운동가의 길

산수유 벙그는 밤, 어린 쑥 향기로 피어날 때

독립을 위한 절제의 삶으로

청춘을 바친 질곡의 세월

조국을 위해 명멸해 간

유관순, 김좌진, 이동녕, 한용운, 윤봉길,

이종일, 민종식, 이상재, 임병직 …

충남도청 홍예공원 독립운동가의 거리엔

'조국이 없으면 나도 없다.'는 일념 하나로

대지를 박차고 하늘로 솟아오르는

독수리의 날개처럼 웅혼의 기상 받들어 모신

영원불멸의 충혼탑이 모셔져 있다

자주독립과 번영에 의지를 품은 그 뜻

웅비하는 민족의 얼을 실천한

님들의 염원과 의지를 받들어

국난을 극복하며 헌신한 대대손손의 역사

조국을 위하여 맞서다 산화하신 순국선열의 날

호국영령의 육신과 정신을 섬기고자

이곳 양지의 뜰을 택하여 오롯이 살아있는

독립운동가의 길 솔숲의 바람이 된다

The Path of Independence Fighters

On a night when Cornelian cherries quietly bloom, and the gentle scent of young mugwort fills the air, they lived lives of restraint and sacrifice, offering their youth to the dark and bitter years of oppression.

For their homeland, they rose and fell like fleeting stars–Yu Gwan- sun, Kim Jwa–jin, Lee Dong–nyung, Han Yong–un,Yun Bong–gil, Lee Jong–il, Min Jong–sik, Lee Sang–jae, Lim Byeong–jik ⋯

Along the Street of Independence Fighters, in Hongye Park by the Chungnam Provincial Office, one steadfast belief echoes still: "Without my homeland, I am nothing."

Like eagles striking the earth and soaring toward the heavens, their majestic spirits are enshrined within the Eternal Memorial Tower–a symbol of undying courage and noble sacrifice.

With unwavering will for sovereignty and dreams of prosperity, they embodied the soaring spirit of a rising nation. Their legacy lives on, carried by generations who overcame national trials with steadfast devotion and sacrifice.

On this solemn day of remembrance, we honor the fallen—those who gave everything for liberty.

Here, in this sunlit clearing, a sacred place was chosen to honor their bodies and spirits.

And now, the path once walked by these heroes becomes the wind—gently whispering through the pine forest, ever alive, ever present.

Translated by Moon Ji-soo

独立運動家の道

　山茱萸(サンシュユ)のほころぶ夜、若よもぎの香り
で咲く時
　独立のために節制した生活で
　青春をささげた桎梏の歳月
　祖国のために明滅していった
　柳寛順(ユ·グァンスン)、金佐鎮(キム·ヂャジン)、李東
寧(イ·ドンニョン)、韓龍雲(ハン·ヨンウン)、尹奉吉(ユン·
ボンギル)、李鍾一(イ·ジョンイル)、閔宗植(ミン·ジョンシ
ク)、李商在(イ·サンジェ)、林炳稷(イム·ビョンジク) …
　忠清南道庁の洪礼(ホンイェ)公園、独立運動家の道
には
　「祖国がなければ私もいない」という一念だけで
　大地を蹴って空に舞い上がる
　鷲の翼のように雄渾の気性を奉じて祀った
　永遠不滅の忠魂塔が祀られている。
　自主独立と繁栄を志したその意志

雄飛する民族の魂を実践した

皆様の願いと意志を受け

国難を克服して献身した子々孫々の歴史

祖国のために立ち向かった殉国烈士の日

護国英霊の肉体と精神に仕えるために

この日向の庭を選び何不足無く生きている

独立運動家の道松林の風になる

翻訳：小川哲代

CONTENTS

80년의 약속

임 종 본 시 집

광복 80주년을 맞이하여
독립의 혼에 몸 바친
사랑을 쓰다

———

The Promise of 80 Years
In commemoration of
the 80th anniversary of
Korea's Liberation, writing
about the love and sacrifice
devoted to the spirit of
independence

민족의 가슴 속에 꺼지지 않는
영원한 불꽃
– 백야 김좌진

나라 잃은 설움마저 무기로 삼아
자유의 길을 열었던 의지를 어찌 잊겠습니까

"적막한 달밤에 칼 머리의 바람은 세찬데
칼끝에 찬 서리가 고국 생각을 돋구누나
삼천리 금수강산에 왜놈이 웬말인가
단장의 아픈 마음 쓰러버릴 길 없구나."*

가산을 정리하여 학교 운영에 충당하였던 심의
호서지방을 밝게 한다는 뜻으로 호명 학교를 설립한
당신의 발자취는 숲의 나무처럼 굳세고
강의 물결처럼 쉼 없이 흘러 우리 이 땅 위에
푸른 하늘을 펼쳐주었습니다

푸른 산맥을 울리던 청산리 포성은

---

* 김좌진 장군의 시 「단장지통」(斷腸之痛, 창자를 끊는 듯한 고통)

천둥처럼 민족의 가슴을 쳤으며
억압의 어둠 짙게 드리운 밤, 당신의 칼날은 백만의
적진에도 굴하지 않고 하늘에 정의를 새기셨습니다

만세의 함성 속에 울려 퍼진 총성은
바로 자유의 북소리였으며
나라 잃은 백성의 눈물이 당신의 무기가 되었고
민족의 독립을 향한 장엄한 선포였습니다

어둠을 뚫고 나아간 님의 그 용맹과 기개
헌신과 충절은 하늘과 땅에 새겨져
조국과 민족을 위해 바치신 숭고한 희생은
영원히 지워지지 않을 생명으로 유구할 것입니다

당신의 삶은 곧 나라였고,
당신의 죽음은 곧 민족의 부활이었습니다
그 숭고한 뜻과 정신은

우리에게 길이길이 빛나는 등불이 되고 있습니다

님은 나라 없는 설움을 딛고
동포의 눈물을 닦아주기 위해 싸웠습니다
자유롭고 떳떳한 조국을 위하여
휘날리던 붉은 피의 깃발은
민족의 가슴 속에 꺼지지 않는 영원한 불꽃이 되었습
니다

겨레의 운명이 바람 앞 등불 같을 때
- 석오 이동녕 선생

풍전등화의 대한 앞에 하늘조차 숨죽인 그날들
선생은 꺼지지 않는 횃불이 되어
유랑의 길을 마다 않고 피와 눈물의 길 위에서
상해 임정의 기둥을 세우고 민족의 운명을 짊어진
어깨로 조국의 내일을 열어 주셨습니다

망명지 상해의 거리에서
임시정부를 세워 겨레의 길을 밝히고
끝내 조국 해방의 씨앗을 심으셨어요
어둠 속에서 굽히지 않는 의지와 불굴의 정신으로
당신은 영원히 꺼지지 않는 횃불이 되었습니다

억눌린 겨레의 가슴마다 자주와 독립의 불꽃을 심어
끝내 꺾이지 않은 의지로 해방의 서광을 준비한
자유의 숨결이요 민주의 뿌리가 되었으며
초저녁 빛나는 금성이 되어 원대하게 지켜주신
당신의 이름 석오 이동녕~!! 별빛처럼 영원합니다

종로 네거리에서 만민공동회가 열렸을 때
나라의 잘못된 정치를 탄핵하고
임금께 상소하며 국민운동 일선에 앞장서
7개월간의 옥중생활을 끝내고 출옥 이후
더욱 민권운동과 개화운동에 주력하신 큰 뜻

제국신문에 사설을 집필하며
본격적인 민족의식과 투철한 사상 정립을 굳혀
을사조약(乙巳條約)이 강제로 체결되자
동지들과 결사대(決死隊)를 조직하여 시위한
그 정신, 천추 만대 후손들의 길을 밝히는 등불입니다

대한은 반드시 독립할 것이다[*]
– 매헌 윤봉길 의사의 길

1932년, 맑은 강산에 봄빛이 고요히 내려앉을 때
님의 발자국은 조국의 아침을 깨웠습니다
그해 봄날 손에 들린 도시락과 물병은
어둠을 걷어낸 새벽이 되고
열망의 뜻을 품은 민족의 하늘을 열었던 불꽃입니다

애끓는 스물다섯 해의 짧은 삶을 살다 가셨지만
그 생애는 겨레의 천 년을 밝히는 등불이 되었습니다
나라의 독립을 되찾겠다는 굳센 의지였고
식민의 굴레에 신음하던 민족에게
희망의 불꽃을 밝혀 주셨습니다

오롯이 조국을 위해 청춘을 바치고
가정을 위해 남기셨던 따스한 사랑마저
나라의 미래를 위해 승화시킨 젊은 피는

---

[*] 윤봉길 의사 최후의 증언

오늘의 우리가 지켜나갈 영원한 울림으로 남아
희생과 헌신 앞에 깊이 머리를 숙여 절을 올립니다

억눌린 겨레의 가슴에
자유와 희망의 불씨를 심어 주신 의의는
민족의 자존을 지켜낸 불멸의 정신이 되었고
오늘 우리가 누리는 자유와 번영은
바로 그 결기의 피와 땀 위에 세워진 결실입니다

대한 사랑의 정신을 이어받아
평화롭고 정의로운 세상을 만들기 위해
우리는 정진할 것입니다
님의 빛나는 얼과 그 유지는
후손들의 가슴 속에 영원히 살아 숨 쉴 것입니다

광복 80주년

2015년 올해는 광복 80주년
우리 삶의 고희를 맞는다
수마가 할퀴고 간 수해는 삼 년이면 복구가 되고
화마로 잃어버린 역사는 가슴의 아픔으로 남지만
역사를 빼앗긴 슬픔은 민족의 상처로 남아
영원히 함께 숨을 쉰다
청산을 평생 품고 살던 윤동주 시인은
뼛속으로 애국을 다지며 청춘을 태웠고
불 속으로 뛰어든 영혼을 끝내 건져내지 못한
매헌 윤봉길의 삶을 우리는 잊을 수가 없다
18년 동안 독립군의 비자금을 만들며
가사를 잃어버린 김한종 의사의 열망
마침내 생을 마감한 옥살이는
그 얼마나 지난한 세월이었는가
애국의 부름으로 하루아침
3대의 학살에 이슬이
되어 스러진 이남규 고택의 불운은

80년이 지난 오늘도 잠들지 못하고 살아 있다
유구한 대한의 역사 위에 길이 빛나고 보존될
영원한 민족 대한 조국이여
대망의 역사 앞에 출렁이는 이 기쁨 영원하리

충의사의 철쭉이 필 때
– 제39회 윤봉길 문화축제에 부쳐

땅 기운에 봄빛 일어 온화한 맥이 흐르면
제 몸속의 뜨거움 모두
가지 끝으로 밀어내
환한 꽃등이 밝혀지고
벌들 날아와 붕붕거리는
철쭉의 핏빛이 온 뜰 물들일 때
일어서는 당신의 혼불로
도중도가 출렁입니다

물안개에 쌓인 목바리의 새벽
솔밭을 가로지른 오치서숙의 길
마음의 평화를 깨우며
마음의 동요를 얻어가던 곳

충의사의 철쭉이 필 때
우리의 정신 축을 흔들어 놓는
당신은 정녕 누구시옵니까?

하늘빛 푸른 오늘, 무궁화꽃이
피었습니다
- 매헌 윤봉길 탄신 108주년에 부쳐

7월의 바다 도중도의 울창한 숲속 산비둘기 마음껏 날아올라

푸른 하늘 그 높이에 당신은 어디쯤 계실는지

수목은 녹음을 자랑하고 있습니다

시는 인류가 남긴 최고의 문화예술이라면

당신은 예산이 낳은, 충청이 낳은, 민족이 낳은, 최고의 영웅입니다

해마다 찾아오는 4월이면 어김없이 붉은 영혼처럼 흐드러지게 피는

충의사의 철쭉은 올해도 모든 이의 발길을 잡았습니다

"사람은 왜 사느냐.

이상을 이루기 위하여 산다.

보라! 풀은 꽃을 피우고 나무는 열매를 맺는다.

나도 이상의 꽃을 피우고 열매 맺기를 다짐하였다.

우리 청년 시대에는 부모의 사랑보다, 형제의 사랑보다, 처자의 사랑보다도 더 강의(剛毅)한 사랑이 있습니다. 그

것은 조국에 대한 사랑입니다."* 라며

어머님께 올리신 당신의 편지는 영원히 우리들 가슴에
타오르는 혼불입니다

여기 충청남도 예산군 덕산면 시량리 178번지 광현당
은 이제 당신이 그토록 애원하고 갈구하시던 쾌락한 봄
동산이 되었고 자유의 노래 터가 되었습니다

오로지 사람다운 인류 세계의 초토(剿討)를 꿈꾸며

자유의 불꽃이 되고자 생명의 근원을 염원하신 당신!!

100년 세월 속에 이념을 담은 시가, 노래로 불리고

다짐과 고해를 읊어낸 당신의 심중은 우리들 삶 속에
녹아든 이상과 실현의 뼈가 되었습니다

"인생은 자유의 세상을 찾는다. 사람에게는 천부의 자

---

* 윤봉길 의사가 어머니께 보내온 편지

유가 있다.

인간의 자유는 천부의 권리이다."

외치신 농촌계몽운동을 영원히 잊지 못하며

무능을 몰아내고, 빈곤을 몰아내는 일, 민족이 단결하는 화합을 위하여

자유와 평화를 실천하고자 용솟음치는 월진회의 부흥을 뿌리 깊게 하소서!!

생명 창고 지킴의 운동에 부합하게 하소서!!

창공은 푸르고 그 희망 높고 높이 이루게 하소서!!

하늘빛 푸른 오늘, 무궁화꽃이 피었습니다

오소서, 목바리 야학 그 고향 가득히 채우소서

– 매헌 윤봉길 탄신 109주년에 부쳐

하늘 더 높고 푸른, 청청한 이 나라의 여름입니다
어느 날 문득 산벚 피는 숲길 따라
밤낮으로 울어대는 소쩍새 그렇게 깊이 사무치던 언덕에
올곧은 무궁화 당신이 그리워 하얗게 지새우는 밤

오늘은 조국의 광복을 위하여
불꽃 청년으로 고귀한 선혈의 업적을 기리신 매헌
윤봉길 당신이 이 땅에 오신 일백아홉 해 되는 그날을
기억합니다

향내 나는 저한당*의 뜰 길게 누운 산그림자
쇠죽 끓던 고향을 뒤로하신 채, 나 홀로 고개 넘던 어머니의 백발과
애 마르던 종, 담**의 살냄새를 두고 떠나시던 그 길에
태극기 높이 휘날리는 이 모습 보이시나요?

---

* 매헌 윤봉길 의사가 4살 때 이사하여 성장한 곳
** 윤봉길의 두 아들 이름 윤종, 윤담

벗들이 모여들던 도중도 아득한 고향 부흥원*에

고기 잡던 시냇가엔 오늘도 맑은 물 졸졸졸 소리내며
흐르고

조국을 가슴에 품고 포연 속을 굽이치던 당신의 뜨거
운 피

청년의 불꽃되어 문신처럼 지나간 청춘을 부릅니다

백 년을 살기보다 조국의 광명을 지키기 위해 바친

당신의 청춘은 홍커우공원의 전설로 함께할

이 나라 이 영토를 위한 영원한 불꽃입니다

장부출가생불환(丈夫出家生不還)

'사내대장부는 집을 나서면 뜻을 이루기 전에는 살아
돌아오지 않는다.'

백 년이 흘러 이제 다시 새천년이 흐른다 해도 다짐과

---

* 윤봉길 의사가 태어난 광현당이 있는 곳이며 도중도(島中島)는 한반도 가운데 섬
이란 뜻으로 그가 농민계몽활동을 하던 곳

고해를 읊어낸 당신의 심중은 우리들 삶 속에 녹아든 이
상과 실현의 뼈가 되었습니다

자유와 평화를 실천하고자 용솟음치는 월진회의 부흥
앞에
새로 쓰는 역사 그 찬란한 구름밭에
오소서, 목바리 야학 그 고향 가득히 채우소서

저한당[*]의 가을

꿋꿋하게 쌓여온 세월을 덮는다
바람 맑고 양지바른 곳에서
튼튼하게 여문 짚을 골라 이엉을 엮어
창공을 나르던 슬픔과
이역만리 떠나온 고향의 부엌을
모순과 담에게 향했던 눈물
그리고 노모의 휘어진 등이 숨을 쉬던 곳
그렁그렁 맺혔던 눈물의 시공을 덮는 날
하염없이 눈이 내린다
가련한 아낙의 등줄기로
긴긴밤 새기던 언약을 덮고
차마 믿을 수 없어 고요히 밝혔던
새벽 등잔불 아래 잠들었던
어린 아들 모순의 등을 덮는다
영원히 잠들지 못할 매헌의 그리움을 덮는다

---

* 한국을 건져내는 집이라는 당호가 붙어 있는 집으로 윤봉길 의사가 4세 때부터
중국으로 건너가기 전 23세 때까지 살았던 집

반드시 조선을 위해 용감한 투사가 되어라*

― 매헌 윤봉길 의사 순국 85기 추모 헌시

붉게 물든 단풍의 노을이 임의 가슴처럼 짙은 밤청춘으로 멈춰진 당신의 심장 앞에 오열하는 절규 그 끝으로 맺힌 한이 댓잎처럼 푸르고 지친 걸음으로 수백 번 오르던 수암산은 오늘도 인적이 넘치지만 가고 못 오시는 당신의 발자국은 우리들 가슴마다 울분으로 스밉니다 밤낮으로 울어대는 소쩍새 애처롭게 깊이 사무치던 언덕에 올곧은 무궁화 당신이 그리워 하얗게 지새우는 밤 고귀한 선혈 앞에 그토록 당당했던 임의 두 무릎을 우리는 영원히, 영원히 기억할 것입니다 암연의 세월 보내고 환한 불빛 밝히며 동방의 무지개로 소풍 오신 이 짧은 성하(星河)의 절기 하늘 높이 이루오니 나물 뿌리 씹으며 신맛 짠맛 함께 했던 우정을 남겨둔 채 부엌에서 받아든 물 대접 고이고이 내려놓고 기개(氣槪)만을 움켜잡아 비장한 가슴으로 모순**을 떠나실 제 홀로 넘던 비탈진

---

* 매헌 윤봉길 의사가 두 아들 모순과 담에게 남긴 유시 '강보에 싸인 두 아들에게'
** 매헌 윤봉길 의사의 아들

길 무성해진 솔숲은 옛 모습 그대론데 조국 강산 품에
품고 굽이치던 당신의 뜨거운 피 홍커우 전설로 이 영토
지켜나갈 영원한 청년의 불꽃입니다 칠석날 씻어내던 벼
루의 묵향은 백 년이 흘러 이제 다시 새천년이 흐른다
해도 장부출가생불환(丈夫出家生不還) 고해를 읊어낸 당
신의 심중 이상과 실현의 뼈가 되어 강물로 넘쳐흐르고
반드시 조선을 위해 용감한 투사가 되리니 찬란한 구름
으로 우뚝 서 가득 채우소서

내가 죽어 조국이 독립한다면
– 매헌 윤봉길 의사 순국 86주기

이역만리(異域萬里) 머나먼 길
고귀한 희망으로 넘고 넘던 가시밭길
타국의 긴긴밤을 숭고한 기상으로
거룩하게 쌓아 올린 당신의 대의 앞에
한결같은 다짐으로 승화하신 또 다른 이름 조국이여
인류 세계 최초의 기백 5대양 6대주를 넘나드는 이상
의 실현
86년을 지내온 역사 위에 오늘도 우뚝 서신 힘찬 기상
우러러 가슴이 뜁니다

궁벽하고 한적한 산골 마을에서 오로지 가난을 벗고
무능한 농촌을 계몽하시고자 청춘을 벗어놓고
천추에 빛나는 삼천리금수강산을 꿈꾸시던 길
내가 죽어 조국이 독립한다면
투혼의 열망 재울 수 없어
전 세계에 울려 나간 대한국인의 위용
그 어떤 사랑보다 강의한 조국의 사랑입니다

44

풀은 꽃을 피우고 나무는 열매를 맺는다

백발 드리운 어머님 생각 간절하고

붉은 옷 입었던 어린 시절 그리운 지아비가 새겨놓은 유묵(遺墨)

'사나이 집을 떠나면 살아서 돌아오지 않으리.'

이 나라의 높푸른 하늘을 우러르며 내리신 당신의 진리입니다

방방곡곡 들풀처럼 일어나는 월진회의 약속입니다

조국의 역사 앞에 영원한 불꽃 당신입니다

청년이여, 영원한 불꽃으로 피우리라
- 윤봉길 의사 탄신 110주년

광현당에 태어난 아침은 오늘도 밝고 밝아 힘찬 기상
섬광이 되어 천지를 가른다 어린 풀들 보기 좋게 자라나
니 1908년 6월 21일 풀숲에 담긴 역사는 울울창창 세기
를 곧추 세우고 온 우주의 뿌리들은 더 깊이 숨으며 울
어 110년 전 청년이 지나간 자리에는 어느덧 푸른 잔디
가 돋고 노송이 섰다 굽이치던 시냇물 사이로 세기로 투
영된 역사가 하늘을 품고 바람이 고이는 발자국마다 귓
불이 붉다 '반드시 조선을 위해 용감한 투사가 되어라.'
　하신, 임의 말씀 세월의 기적은 오늘도 청년으로 살아
동방의 영원한 불꽃이 되었어라 세찬 바람 이미 지나가
고 여름 장미 더욱 붉게 타오르니 대숲에 일렁이는 선비
의 기개 맑고 맑아 그 기상 만고에 빛나리라 처마 밑으
로 날아드는 제비를 바라보며 심정 화락하여 시를 짓고
노래하신 섬돌은 그대론데 광현당, 저한당 주렴 넘어 구
절구절 새겨진 희망을 걸머지고 자유와 평화를 열어가
는 이 조국의 청년이여, 영원한 불꽃으로 피우리라

독립을 위한 아리랑

– 매헌 윤봉길 의사 순국 87주기에 부쳐

1932년 4월 29일, 일본군의 승전 기념식이 끝나갈 무렵 홍커우공원에 피워낸 불꽃 농민들의 나라 사랑을 일깨우기 위해 직접 편저했던 농민 독본이 그러하듯 어머니께서 바친 정화수 앞에 손을 모으셨던 그 정성으로 충청남도 예산을 세계만방에 알리신 당신의 불꽃으로 오늘도 밝혀가는 월진회의 아침을 보고 계시는지요? 고향 산천을 짓밟고 간 외세의 무리들과 급변하는 세상 속에 우뚝 솟은 기상으로 넘나드는 임의 절개 항거하는 뿌리를 세계에 심어 주신 그 뜻 저항을 우리는 배웠습니다 유유히 흘러가는 강물과 같이 온 인류의 거국적인 심박이 되고 멈추지 않는 혈류가 되어 동북아를 밝혀가는 동방의 등불 평화의 산맥으로 산화하신 당신의 유업 길이길이 만만대 이어갈 독립을 위한 아리랑입니다

세상에 태어남이 그 얼마나 고귀한가!

– 매헌 윤봉길 의사 순국 88주년 추모 헌시

아침 햇살이 따스하게 우리를 비출 때
광현당 담장으로 짙은 그림자 인다
가신님 그리다가 바람도 구름도
임을 따라가시다가 그 시간이 그리워
도중도에 머물며 천천히 더 천천히
기억처럼 천리만리 흐르는 시간입니다

바람도 쉬어 넘고 구름도 쉬어 넘는
가슴 아픈 12월 상흔의 빗장 되어
저한당에 날아드는 까치로 앉았느니
88년 유수한 세월을 어이 잊을 것인가!
청년의 숨결이 그리워 끊이지 않는 걸음들
빗장 열린 대문으로 그림자를 새깁니다

동녘에 해 뜨면 혹여나 오실세라
고이 묻힌 한숨으로 반 세월 접으셨을 어머니
배춧잎 같은 발소리를 꿈으로 헤던 밤

가야산 구름처럼 저 멀리 떠나가고
모든 산맥 숨죽여 울던 1932년 12월 19일
조국의 가슴으론 피눈물 흘렸습니다

폭탄을 만들던 사람, 감옥을 지키던 사람들
비통한 눈물 강물되어 흐르던 길
임께서 앞장서 걸으신 넘고 넘던 황톳길에
장대한 능선 붉은 태양 굽이치고
혈관마다 뜨거운 피 돌고 도는 월진회!
적막한 역사 속에 불멸의 불꽃 당신입니다

당신의 심장은 지금 무엇을 위해 뛰고 있습니까?

– 매헌 윤봉길 의사 순국 제89주기에 부쳐

덕산 목바리에서 태어나 민족의식 앞에 숨 고르며
평생을 고민했던 윤봉길 의사의 질문입니다
빼앗긴 나라를 되찾기 위해 생을 바치신
의사의 숭고한 희생정신과 애국 혼을 되새기며
독립을 위한 아리랑으로 높으신 그 뜻 받들어
홍커우공원에 피워낸 불꽃의 염원을 기립니다

직접 편저하신 농민 독본과
어머니께서 바친 정화수에 떠오른 달처럼
당신의 불꽃으로 밝히는 오늘의 월진회를
보고 듣고 읽고 감지하고 계시는지요?
급변하는 세계 속에 천지 없는 기상으로
항거하는 뿌리를 역사에 심어 주신 높고 큰 뜻
의사의 저항을 우리는 배웠습니다

백 년을 변함없이 흐르는 목계천의 물과 같이
온 인류의 거국적인 심박이 되고

멈출 수 없는 동북아의 혈류가 되어

민족을 밝히는 동방 제일 등불 되심에

영원한 산맥으로 산화하신 당신의 희망을 받들어

길이길이 세계로 펼쳐나갈 독립된 국력을 배웁니다

온 천하 사계를 지켜주신 의사님 청렴으로

부디 전진하는 월진회를 보듬어 주시고 평안하소서

평화의 불꽃 겨레의 혼불

- 매헌 윤봉길 의사 상해 의거 88주년에 부쳐

    사시사철 둥근 해와 달이 뜨던 고향을 떠나 산을 깨우고 들던 기개 하나로 상해 홍커우공원에서 천지를 출렁였던임이 터뜨린 천둥소리는 역사의 지표 위에 결코 잊을 수 없는 겨레의 길을 밝혀 오신 혼불입니다 매해마다 매화가 피고 지면 중국 상해와 일본 가나자와에서 파평 윤 씨 댁 안채인 예산군 덕산면 시량리 아버지의 땅 어머니의 품속에서 함께 피워 올리는 동북아 평화의 종소리를 그지없이 들으십니까? 대한제국의 독립을 갈망했고 이상의 꽃을 피워 세계의 평화와 겨레의 꿈으로 간직한 당당했던 님의 발걸음 1908년 태어나던 줄기찬 울음소리의 옥동자는 25세에 조국 독립의 희망에 금자탑을 세우셨습니다 자라나는 현 세대들에게 꿈과 용기를 심어 주신님의 기개와 의지를 세계는 지금 주목하고 있으며 우리는 겨레의 꽃을 피우고 열매를 맺기 위하여 오로지 강의한 사랑을 품고 떠나 신이 나라와 겨레에 바친 뜨거운 사랑을 배웁니다

우리의 역사! 그 단 한 시간을 위한 25년
– 매헌 윤봉길 의사 순국 90주년에 부쳐

충청남도 예산군 덕산면 시량리 저한당

야학이 자리를 잡은 1923년 그때에 이미

학생들 가르칠 교재를 생각했던 농민 독본 편저

조선 글을 올바르게 교육하기 위하여

훈민정음과 용비어천가의 맞춤법을 가르치며

내 나라의 한글을 교육했던 그날

가슴에 타들어 갔던 잊을 수 없는 기백의 투지를

격언과 속담을 소개하며 일상생활의 올바름을

사무치게 깨우쳤던 근본 사상은

시베리아 눈발처럼 극심했던 겨울날의 핍박과

황폐해진 삶의 근원을 타개하기 위한 몸부림으로

1932년 4월 29일 동트며 준비한

우리의 역사! 그 단 한 시간을 위한 25년은

가슴에 영원히 지지 않을 별이 되었습니다

기다렸던 조국, 보고 싶은 내 고향 가슴에 품고

세계적인 평화를 위한 숨결로 마침내 부푼 꿈

염원을 위한 아름다운 순국으로 나침판 되어

항거하는 뿌리를 우리의 역사에 묻었습니다

영원한 산맥으로 산화하신 당신의 희망

90년을 흘러도 변함없는 목계천의 물과 같이

오늘도 전진하는 조국의 심장으로 뛰고 있습니다

눈 덮인 광현당[*]

밤마다 숭늉 그릇에

살얼음 지던 시절

집집마다 추녀로 숨어들던 새 떼

뒷산에 뛰어놀던 토끼들은

굶어 죽지 않고 잘 있으려나

티브이도 없고 라디오 방송마저

눈 쌓인 밤이면 치지직 소리를 내며

잡히지 않던 전파 희미한 등잔불 아래

---

* 윤봉길 의사의 생가

시린 손 움켜쥐고 콩 고르던 풍경

가을 햇살 머금어 완판 피었던 목화는

매해 대소쿠리에 잠들고 있었다

한겨울 얇은 이불 추운 줄도 모르고

사마귀 눈으로 기다리던 어머님 얼굴

건넛마을에 컹컹 짖던 황구는

눈밭에 튕겨 나온 노루를 보았던가

겨우내 생솔 타는 냄새 가득했던

눈 덮힌 고향 숨 막히는 겨울밤

광현당*에서 길을 묻다

- 매헌 윤봉길 의사 탄신 115주년

여느 날처럼 잿빛 하늘을 밝혀낸 불멸의 아침이
오늘도 힘차게 솟아오른다
내 마음 바다에 잠겨 있는 서고의 문을 열듯
이른 새벽 광현당 고가에 들어 숨을 고른다
때로는 깊은 슬픔과 고뇌의 회오리 속에
잠 못 든 아픈 밤이 냉골에 스몄으리라
불어 닥치는 세상의 추위가 의사를 얼게 했고
가슴 헤집는 통증으로 고독했을 때
두 눈 감고 짐짓 망명의 역사를 열망했으리라
그 형형한 곳에 깃들어 어둡게 내다뵈는 내 민족을
어리석음과 무지에서의 개혁을 꿈꾸며
긴긴 겨울밤 뜬눈으로 지새운 숱한 나날들이었으리라
그 어린 날의 기루었던 웃음을 잃어가야만 했을
도중도에 묻힌 사무친 추억을 딛고
텅 빈 부흥원에 앉아 초라한 현실의 세상에 남길 유서

---

* 윤봉길 의사의 생가

를 썼다

　'장부출가생불환' 쉽게 버릴 수 없었던 고향 땅

　우물에 드리워진 은행나무의 그림자처럼

　꿋꿋한 혈관의 무게만큼 쓰라린 곤혹을 감내한 밤이

었으리

　성근별처럼 백발 빛나던 어머니와의 정을 놓고

　행복하고 사랑했던 아내와의 이별을

　핏덩이 종과의 석별을 나누며

　생각만으로도 기쁨 짓던 꿈 많았던 청춘의 장막에

　자물쇠를 잠그며 호두나무, 사철나무 그림자 비치는

　디딜방아의 참나무 지지대를 수없이 어루만졌으리라

윤동주 시인의 부활

낯설고 물선 남의 나라 일본 땅
교토부 교토시 도시샤대 재학 중이던 시절
외로운 골방에서 지새운 수많은 날
님의 시 속엔
또 하나의 나라가 살고 있었습니다

마음의 여유를 잃을 때마다
써 내려간 시의 간판엔
시대를 초월한 고향이 웅지를 틀고
잃어버린 국가의 통증으로 쓰라린 가슴
날개 잃은 새처럼 접힌 희망을 품어

날마다 기도했던 푸르른 꿈을
하늘과 바람과 별과 시는 영원한 생명
80년을 지내온 오늘도 우리는 노래합니다
1945년 2월16일 차디찬 후쿠오카 형무소에서
영원한 별이 되어 스러지던 그날

혹독한 상황에서도 써 내려간 시의 생명을
크고 작은 일에 쫓겨 마음의 여유를 잃을 때마다
우리들 가슴에 빛이 되어 퍼지는 힘
떠나신 80주기를 맞는 오늘 님의 못다 한 사랑
꿈을 위한 명예 문학박사 학위를 받았습니다

민족의 영웅 윤봉길 의사 역사의 이정표로 서다

– 상해 의거 93주년을 기리며

춘설이 녹아드는 도중도의 봄 무궁화동산에 그리움으로 핀 그 꿈이 한 마리의 솔개로 앉았다

고향을 걸머쥔 장대한 청년의 의지로 자라온 노송의 기개는

푸르른 하늘을 우러러 오늘도 풍채를 세우고

한국 민족의 자주성을 위하여 몸 바친 청년의 위엄을 토한다

1932년 4월 29일 홍커우공원에서 던진 절개를 품은 이 땅

그 반향을 우리는 목 놓아 부르며 배우고 있습니다

의거의 의미를 폭탄 투척으로 꽃피운 순간 세계의 평화는

불꽃으로 일어나 이 나라 독립을 잉태했고

그 위상을 우러르는 고귀한 뜻 명예롭도다

국제적인 연대를 촉구하며

일본 제국의 억압을 털어낸 거룩함이여

군법회의 재판으로 사형을 선고 받으며 신념을 토해낸

환희의 미소로 화답한 용맹의 선서는

민족만 만대의 투지이며 위상이 되었습니다

오로지 인류 세계의 사람다운 절개를 지키고자

만류할 수 없는 세월을 묶어둔 채

사정없이 돌아가는 유수한 자전을 동결할 수 있었던

존엄한 님의 생애 마지막 발자취를 따라

순국 현장인 일본 이시카와현 가나자와에서

당신의 최후 모습 앞에 숨죽여 큰절을 올립니다

뿌리 깊은 인간적 고뇌와 독립을 향한 의지를 품고

영원한 고난의 역사에 거룩한 뿌리가 되어 주십시오

조국 없는 백성의 비애와 앞날의
광복운동에 서다
– 만해 한용운 선사를 기리며

어두운 밤에도 꺼지지 않는 등불로 서서
백설처럼 맑은 기운으로
나라의 아픔과 비애를 놓을 수 없었던 뜻
민족의 길 환히 비추는 성좌가 되시었고
그 흐름의 피는 불멸의 잉크가 되었으며
대한의 역사 위에 불굴의 의지를 새겼습니다

1910년 일제 강점기에 주권을 박탈하자
중국으로 건너가 독립군 군관학교를 방문하였고
불교학원에서 교편생활을 하는 등
월간지 「유심」을 발간하여 민중계몽운동에
한층 더 앞서신 이 나라의 영원한 기둥
불굴의 영혼이신 님을 깊이 추모합니다

칼과 총이 진리를 막아 뼈가 시릴 적에
님의 시는 울분을 토하며 마음의 울림으로 번저
억눌린 겨레의 가슴을 흔들었고

그 울림은 하늘 끝까지 메아리쳐
사무치는 조국의 애달픔에
자유의 이름을 불러 민족을 세웠습니다

억압의 쇠사슬을 끊으려는 의지는
한 편의 시가 되어 겨레의 가슴을 울렸고
그 울림은 하늘 끝까지 퍼지고 물들어
오늘의 자유와 평화를 이루는 뿌리가 되었습니다
님이 지핀 불꽃은 꺼지지 않고
후손의 가슴속에서 영원히 타오를 것입니다

독립의 울림

　호수의 적막을 깨우고 날아오르는 봄 새들의 아우성으로 열리는 4월의 아침 충남도청 홍예공원 독립운동가 거리에 조형물 제막을 울리는 축복으로 그 고운 햇살이 멈추어 섰다 독립의 충정이 울림으로 퍼지고 대한민국임시정부수립 기념일을 맞는 오늘 충청의 하늘길을 열었다 일제 식민지를 벗어나기까지 만주에서 독립항쟁을 이끌어 오신 김좌진 장군 상해임시정부에서 이념을 전하신 이동녕 선생 홍커우공원의 국제적 의거를 성공하기 위해 목숨 바친 윤봉길 의사 칼끝의 날카로운 애국으로 마침내 독립을 섬기신 한용운 선생 아우내 장터의 독립전사로 순국한 유관순 열사 항일독립운동의 물결을 이루어 낸 충청의 울림을 받들어 이곳 용봉산 아래 우뚝 세운 태극의 거리 독립의 혼불을 제막하여 그 뜻을 기리노라

무너진 강산에 의병의 깃발을
세우신 의용

1905년 을사늑약이 체결되는 순간
겨레의 하늘이 무너지고
나라의 등불이 꺼져가던 그때
가산을 팔아 군용품을 준비하며
의병의 깃발을 높이 들어
백성의 가슴마다 희망의 불꽃 심으시고
의병을 모아 서천읍과 남포읍성을 공격하여
일본군과 홍주성 전투에서 승리하며 점령하신
대망의 큰 뜻을 세워 나라의 혼을 되살리셨던
그 숭고한 정신 앞에 머리 숙입니다

옥고와 망명, 시련의 가시밭길 속에서도
결코 꺾이지 않으신 그 뜻
오직 조국, 오직 겨레를 품으셨던 의지
오늘도 우리 후손들은 역력히 기억하며
님이 흘리신 피와 눈물이
오늘의 자유와 내일의 빛과 희망이 되었습니다

당신의 이름 영원한 민종식 선생이시여~~!!
조국의 산하 어디에나 비추는 별빛과 같아
우리들 가슴에 꺼지지 않을 영원한 불꽃으로 살아
흠모하는 불굴의 거룩함이여~~!!
나라의 하늘이 꺼져가던 암흑의 시대
무너진 강산에 의병의 깃발로 세우셨습니다

억압의 쇠사슬이 백성을 짓눌러도
선생의 기상은 꺾이지 않았고
의로운 분노는 바람 되어 산천을 흔들어
선생의 호령은 겨레의 가슴마다 울려 퍼졌습니다
감옥의 차가운 벽도, 망명의 험난한 길도
조국을 향한 그 충정은 막지 못하였고
오직 나라, 오직 민족을 섬기신
그 숭고한 뜻은 선생의 생애를 불태웠습니다
어둠을 뚫고 열어 주신 영광의 길
그 정신은 내일의 대한민국을 이끌어 갈 것입니다

평생 집 한 칸 없이 독립과
사회운동에 몸 바친 청년

하늘이 무너져 민족의 땅이 짓밟히던 시절
감옥학교를 열어 죄수와 간수들을 모아
한글과 한문을 가르치며 기독교를 통한
민족운동을 전개하는 계기를 만들어
이승만과 교류하면서 서양의 정치와
법률제도와 중립외교를 개척하여
나라의 독립을 유지해야 한다는 일념으로
민중을 위한 독립운동과 사회운동에 헌신한 청년

서재필, 윤치호 등과 함께 독립협회를 조직하였고
무지의 어둠을 밝히고자 배움의 길을 열어젖힌
오직 겨레의 새날을 위하여 몸을 던지셨던 삶
억압의 발굽 아래서도 굽히지 않은 기개로
온 겨레의 의지를 하나로 모아 독립의 기초를 세우신
당신의 숨결은 역사의 심장에 깊이 새겨져 있습니다

이상재 선생이시여~~!!

당신은 겨레의 스승이며 민족의 거목으로

하늘에 닿는 정신으로 우리와 함께 계십니다

나라의 운명이 기울고 겨레의 숨결이 짓밟히던 시절

선생께서는 꺼지지 않는 등불로 서 계셨습니다

무지의 어둠을 깨치고

교육의 길을 열어 조국의 희망을 심으셨으며

억압의 발굽 앞에서도 굽히지 않는 기개로

민족 자립과 독립의 기초를 세우셨습니다

그 정신은 겨레의 가슴을 적시고

그 뜻은 강물처럼 흘러 오늘의 역사를 이루었습니다

정의와 진리 위에 세우신 새로운 조국을 위해

한 줄기 거대한 빛으로 솟아오른 큰 뜻

당신은 민족의 스승이며 시대의 기둥이셨습니다

무지의 사슬을 끊고 교육의 등불을 밝혀내신

정의를 위하여 억압과 굴복의 그늘 아래서도

굽히지 않는 의지로 독립의 길을 열어젖히셨습니다
그 발걸음은 영원한 희망의 길이 되어
우리가 서 있는 이 터전을 굳건히 다져 주셨습니다

당신의 생애는 불멸의 횃불이 되어
깊은 어둠에 갇힌 겨레의 땅을
굽히지 않는 기개로 독립의 기둥을 세우셨고
권력 앞에 무릎 꿇지 않고 억압 앞에
침묵하지 않는 단초가 되어
님의 정신은 지금도 꺼지지 않는 불꽃으로
우리들의 가슴마다 살아 숨 쉬고 있습니다

숭고한 헌신은 겨레의 희망이 되었습니다

한 장 한 장 평판인쇄기에 찍어낸 민족의 맹서는
2월 28일 저녁 3.1독립만세 전날
선생의 명령에 의해 배포 되었고
한 몸을 던져 겨레의 길을 밝히신 날
어둠이 가득한 시대에 등불로 서서
민족의 희망을 지켜내셨습니다

선언문 발표 집회장소인 파고다공원에서
태화관으로 변경할 때엔
넓은 장소에 많은 사람이 운집되어 있는 곳에서
독립선언서를 낭독하면 시민들의 심중이 격양되어
일본 경찰의 발포로 많은 인명이 희생될 것을
염려하여 사전에 장소 변경을 결정하신 결단~!

한자리에 모여 민족대표들이 결의를 새롭게 다지고
선언식의 장소, 절차 등을 마지막으로 협의한 후
33인의 명의로 된 선언서에 각자 서명 날인하며

고난과 굴욕 속에서 꺾이지 않는 기개를 모아
한 알의 밀알이 되어주신 숭고함은
조국 새벽을 깨우는 단초가 되었습니다

역사의 바람 거세게 불어도 민족의 혼을 굳게 붙들어
후세의 우리가 걷는 이 길 위에
당신의 피와 땀은 씨앗으로 남아
영원히 꺼지지 않는 진리로 살아갈 것입니다
나라를 향한 헌신과 사랑을 본받아
새로운 조국의 아침을 지켜 나가겠습니다

하늘에 닿은 진리의 그 뜻
겨레의 혼을 불태우신 위대한 선생의 혼은
폭풍 같은 역사의 격랑 속에서 건져주신 얼이 되어
민족의 운명을 밝히는 거룩한 기둥이 되었나니
오늘 우리가 누리는 이 새벽은
선생의 헌신 위에 피어난 한송이 꽃이었습니다

겨레의 아픔 위에 서사시를 쓰다
– 임병직* 선생 그 빛나는 거룩함이여

백마강 굽이치는 물살보다 거센 격동의 세월
온몸을 던져 희망을 밝혀주신 거룩함이여
총부리도 꺾지 못한 의지와
포승줄도 막지 못한 외침
임병직, 그 이름은 곧 자유였습니다

오늘 우리가 누리는 하늘과 땅 위에
견고하게 다져진 의미와 결의는
주유엔 대사로 국제 무대에서 외교관을 넘어
대한민국임시정부를 지원하고
선생의 피와 땀에 젖은 결과입니다

해방 이후에는 중요한 외교직책을 맡아
국제적 위상 확립에 더 큰 역할을 했고
역사 속에서 선생의 공적은 영원히 살아

---

* 1976년 건국 공로 훈장 중장(대한민국장)

국제연합총회에 한국 대표단장으로 참석
빼앗긴 영토와 주권을 되찾는 일에 평생 매진

귀국 후 외무부장관으로 재직하던
1950년 6월, 한국전쟁을 맞이하여
프랑스에서 열린 국제연합총회에 이어
제네바에 한국 대표로 참석한 한국의 전령사

우리의 심장 속에서 영원히
살아 숨 쉬는 꽃

부족함 없는 이 가을날
찬란한 하늘빛도
당신의 눈동자 앞에서는
조국을 향해 불타는 의지에 고개를 숙입니다

조국의 운명을 어깨에 짊어지고
한 순간도 죽음을 두려워하지 않으신 님의 절개
그 이름 유관순~~!!
대한의 영원한 횃불이십니다

옥중의 칠흑 같은 어둠 속에서도
당신은 빛을 품은 한 줄기의 섬광으로
조국의 새벽을 앞당기려 애쓰셨고 채찍과 고문이
온몸을 무너뜨려도 영혼은 꺾이지 않으셨습니다

태극기를 움켜쥔 두 손에
백만의 민심은 떨고 있었으며

"대한 독립 만세"의 외침은
오늘의 자유와 내일의 희망으로 이어졌습니다

님이 뿌려주신 피와 눈물이
이 땅의 금수강산 방방곡곡에 스며
새싹으로 돋아나고 그 용기와 희생이
우리 심장 속에서 영원히 살아 숨쉬고 있습니다

그 뜻은 한강이 되어 강산을 적셨고
님이 남기신 뜨거운 외침은
오늘 우리 가슴 속에
영원한 횃불로 남아 희생의 뿌리가 되었습니다

당신은 시대를 밝혀주신 별이며
민족의 가슴에 타오르는 꺼지지 않는 성화로서
자유와 독립을 위해 온몸을 불살라 외치신
대한민국의 영원한 불꽃입니다

님은 갔습니다
- 윤규상 회장님 영면

  을미년 새해 삼월 스무사흘 봄 내음 짙던 그날 내포의
큰 별이 하늘에서 졌습니다 충의를 다지고 문화를 꽃 피
워 곳곳마다 심어두신 소망을 놓고 내포의 큰 뜰 푸르
게 굽이치던 세월 마음 깊은 곳에 묻어 두고 황량한 날
개 접어 님은 갔습니다 찬연히 밝아오는 햇살 가슴으로
안기고 돌아서는 걸음마다 애도의 숨결 문화가 내리오니
솟아라 하늘 높이 당신의 참 마음에 못 다한 사랑 꽃피
고 열매 맺혀 다시 피어나리 별빛으로 비추시던 충청의
뜰을 저 넓은 인고의 강 건너 평생 지켜 오신 푸르디 푸
른 꿈 고이 접고 부디부디 평안하소서

저 높은 문화예술의 산맥을 우러르며
– 고 윤규상 선생님 참배 길에서

하늘 높은 이 나라의 푸르른 봄날입니다 경자년 새해 사월 스무아흐레 매화꽃 복사꽃 흐드러진 산과 물도 기억하는 상해 홍커우공원 윤봉길 의사 의거 88주년을 맞이하는 대낮입니다. 국화 향기 더불어 새소리 구성진 충의사에서 봄내음 짙어 그리움 가득 넘치던 그날 홀연히 떠나신 선생님을 뵈옵고 저 사랑하는 제자들 손에 손잡고 이 화창하고 좋은 날 눈시울을 적십니다 평생토록 충의를 다지며 문화를 꽃 피워 곳곳마다 심어두신 선생님의 소망 내포의 큰 뜰 푸르게 푸르게 굽이치신 세월 저희 모두의 가슴마다 뿌리 깊게 묻어 두고 황량히 날개 접어 떠나신 그 길을 품어봅니다 찬연히 밝아 오른 햇살을 품으시듯 열정으로 보여주신 숭고한 그 뜻 새기며 숨결 따라 위상이 하늘 높이 솟아오르니 마음에 못 다한 사랑 꽃피고 열매 맺혀 별빛으로 비추시던 충청의 뜰 가꾸렵니다 저 넓은 인고의 강 건너 영면의 시각까지 몸 안에서 싹 틔우고 잎을 달아 주신 선생님의 은덕을 배우고 대망의 꿈 지키면서 사상이며 지성이며 그 투혼을 배우

겠습니다 대치 뜰 너른 창공의 꽃바람 같이 부디 평안하
소서!!

내포의 큰 뜰 영원토록 비추소서!

– 윤규상 회장님 추모 10주기에 부쳐

을미년 새해 삼월 스무사흘
땅 기운에 봄빛 일어 온화한 맥이 흐르던 봄날
님은 이 나라의 봄을 내려놓고 떠나셨습니다
충의를 다지고 문화유산을 꽃 피워
세계의 자산으로 키워내자 하시던 말씀
곳곳마다 심어두신 소망을 덩그러니 펼쳐놓고
내포의 큰 뜰 푸르게 굽이치던 세월 마음 깊은 곳에
묻어 두고 황망히 날개 접어 떠나신 그날~!!

찬연한 햇살만이 가슴으로 안긴 채
돌아서는 걸음마다 애상의 숨결 토해내고
하늘 높이 솟아오를 당신의 참 마음에 못다 한 사랑!
구순의 밤마다 밝혀주신 목바리 야학의 등불은
10년이 흐르고 또 다시 백 년이 흐른다 해도
바람이 전해주는 전설이 되어
꽃피고 열매 맺혀 다시 또 피어나리니
저 넓은 인고의 강 건너 평생 지켜 오신 푸르디푸른 꿈

내포 역사의 커다란 불기둥 되시어

저희 몸속의 뜨거움 모두 가지 끝으로 밀어내

꽃등이 밝혀지는 철쭉의 핏빛 온 뜰을 물들일 때

벌들도 날아와 붕붕거리는 충의사에서

일어서는 당신의 혼불로 차세대 머릿속을 깨우쳐 주십
시오

마음의 평화 화해의 불꽃 섬기며

도중도가 영원히 출렁이도록 하늘 밭에 꿈을 심고

별빛으로 살피시는 내포의 큰 뜰 영원토록 비추소서!

당신의 조국 영원히 품으소서!

- 제61회 현충일 추념식 추모 헌시

우리의 핏줄에는 당신의 아픔이 흐르고
선홍색 장미빛 붉게 물들어
산천초목이 울창한 이때
충혼이시여

지옥 같은 화염 속에 온몸을 던져
충혈된 두 눈 끝내 감지 못한 채
60년을 하루처럼 품어온 당신

강산은 애끓는 절규로 푸르게 솟고
죽어가는 그 순간까지
가슴 깊게 묻어 둔 어머니 말씀
목숨을 버릴지언정 무릎을 꿇지 않겠다던 결심은
녹슨 흉기처럼 버려져야만 했습니다

조국 대한의 촛불이 꺼져 갈 때에
불멸이시여

기둥이 되어준 당신

오늘 들려오는 저 애국가는

꺼져 가는 조국을 붙잡고 당신이 부르던 노래였습니다

조국에 묻은, 겨레에 묻은 당신의 함성

장렬하게 삭아가는 이름 모를 철모의 주인을 잊지 못

하며

그날에 상처를 조국의 이름으로 감싸 안습니다

비가 내리는 유월이면

골짜기마다 들려오는 당신의 신음에

바람 소리에도 잠 한번 들지 못했던 눈물이 고입니다

밤마다 뒤척이며 허전한 옆자리에 눈을 뜬

당신의 아내는

모진 그리움에 평생 눈물을 쏟고

두 갈래로 갈린 우리 민족은 한 핏줄 남과 북의 혈맥
을 이어
온 겨레가 하나 되어 배달민족의 투혼으로
영원히, 영원히 꺼지지 않는 동방의 등불
당신의 조국은 찬란한 내일이 찾아올 것입니다

우리의 소망과 인류의 희망인
푸른 하늘을 마음껏 비상하며 더 높이 더 멀리
온 누리로 뻗어갈 당신의 나라입니다
꿈에서도 애타게 부르시던 당신의 조국입니다

영원한 이 나라 이 조국 우리와 함께 누리소서!
고요한 아침 속에 그 평화 누리소서!
당신의 조국 영원히 품으소서!

오늘도 살아 숨 쉬는 역사 가득 채우소서
- 이장원 중위 흉상 제막식에서

정유년 5월의 푸르른 날에 높은 하늘 우러러
한 점의 구름처럼 역사에 사무친
고, 이장원 해병대 중위님을 예당 조각공원에 모시어
이제 존상[尊像]으로 현신[現身]하시니
지난 61회 현충일 대통령 추념사에서 말씀하시듯
조국을 위한 님의 숭고한 희생과 헌신 앞에
우리는 오늘도 엎드려 무궁화를 바칩니다
6.25 전쟁 영웅으로 모신 위대한 나라에는 반드시
위대한 국민이 있다는 역사의 진리로 거듭나는 곳
증조부 수당 이남규 선생과 조부 이충구, 부친 이승복
4대가 함께 숨 쉬는 고택에는 성혈[聖血]의 기운이 살고
날아가는 새들도 한 때 쉬어 가는 고택의 양지 뜰에서
기운찬 학문이 위국충절하여 황토 도의 혼연일체 바탕
으로 명실상부한 애국 애족 세도[世道]의 길, 길이 보존하
리라

독일마을 추모비 앞에 서서

    대한민국 영토 끝자락 남해의 높다란 동산에 욕심 없이 세워진 독일마을 입구에서 잠시 상념에 든다. '과오는 인간에게만 있다.' 전한 괴테와 베토벤과 맥주와 치즈를 떠올리며 입장한 나에게 가장 민감하게 가슴을 파고든 그곳 파독 광부 간호사 추모공원은 영원히 잊을 수 없는 언덕이 되었다 1960~70년대 대한민국을 세워낸 공훈과 청춘을 묻은 독일의 붉은 벽돌을 잊지 못한 채 그리운 조국 남해에 심은 애절한 사랑과 비문들 속에 지워지지 않는 꿈을 읽으며 꽃마차 속에 숨겨진 비밀과 눈물진 광부의 어깨에 박힌 순결한 애국!! 역사 앞에 새겨진 발자국의 흔적을 품는다

충청의 땅 내포 지방의 뿌리를
건져 올리신 아버지 가헌 박성흥 선생

예산에서 태어나고 자라시어 내포 지방의 역사를 구명
하기 위해

평생을 바치신 선생의 업적을 저희는 기억합니다

사문화되었던 '내포'라는 말을 새롭게 재생해 주신 지
금으로부터 40여 년 전 당나라 신라연합

군과 일본 해군의 격전지인 백촌강과 주류 성터를 밝
혀내시고 피성, 사평성, 두술성 등의 위치를 규명하기 위
한 30년의 역사와 내포의 고대사를 연구하신 큰 뜻 안
에 밝혀주신 뿌리

"고대 내포 지방은 일본 천황가의 뿌리 나라였다."

한국의 고대사를 올바르게 구명하고 정립하신 일본이
한국에 대한 식민사관인 '임나일본부설'을 극복하신 아

버지 선생이 이룩하신 고학의 경계를 어찌 저희가 잊겠습니까?

  문헌상으로 내포라는 말은 신라 원효대사의 〈원효결〉에서

  "오서산, 성주산 모습, 물기운이 가장 뛰어나 나라 땅의 내장부와 같은지라 내포라 한다고 하셨지요."

  일찍이 내포 지방의 가야산은 충청남도의 서북부 지방 차령산맥에 위치하였으되 마한의 목지국이 자리한 곳이라 하였습니다 시대를 넘고 국경을 넘어서도 변할 수 없는 대 진리를 밝혀주신 내포의 선명 덕분에 저희는 오늘도 밝은 미래로 가는 갑진년의 기백을 살려 이 땅 가득 채워갈 희망을 받들며 힘찬 도약을 꿈꾸고 있습니다

  부디 평안 누리시며 새 시대의 내포 발전에 큰 힘 내려

주소서

  부디 평안 누리시며 새 시대의 내포 발전에 큰 힘 지켜
주소서

우리는 기억합니다
– 철원 자유수호 민간인 위령탑 참배

75년간의 6월이 이처럼 푸르른 것은
그대들의 희생 위에
뜨거운 태양, 젊음을 바쳐 지켜낸 조국
총성과 포화 속에서 물러서지 않은
이름 모를 언덕 위에 별이여
깊은 산골 작은 강가에 스러진 청춘
그 숨결이 숨 쉬고 있어
수백 년을 견딘 노송처럼
올해의 6월도 우리는 이렇게
푸르른 자유를 노래합니다
이 나라의 산천초목이 되어
숲으로 우거진 바람처럼
영롱한 21개국의 성채(星彩)여
세월을 넘어 역사를 넘어
평화의 꽃을 피운 청춘의 영령들이여
영원한 님들의 희생을 잊지 않겠습니다
그 꿈이 헛되지 않도록

그 마음이 잊히지 않도록
그 절실한 영혼이 흔들리지 않도록
우리는 기억합니다
우리의 선조들이 숨 쉬던 땅
우리의 형제들이 뛰어온 팔도강산
우리의 후세들이 지켜나갈 이 성스러운 땅
님들이 적신 신성한 혈흔의 강을
거룩한 역사 위에 우리는 기억합니다

붉은 노을
– 월진회 제13대 이태복 회장 영면

충남 보령 어느 해변으로 노을이 내리던 시각
나라를 위해 아직은 하실 일 많은 세월을 접고
갑작스레 그 길을 황망히 떠나신 오늘
유난히도 붉은 노을 황혼이 짙다

나라에 대해 애국에 대해 노동운동에 대해
사모하신 그 상심 절절하게 전해져오고
오로지 한 길만을 뚜벅뚜벅 걸어오신
고뇌의 귀로 앞에 가슴을 적시며 기도합니다

오랜 세월 묻어온 구형의 세월
'세계의 양심수'로 선정되어 고 김수환 추기경의
석방 탄원으로 가석방되었던 그날
그토록 환하게 웃음 짓던 어머니의 품속
그때 그 모습은 아직도 그대로인데

고교 시절부터 품어 오신 흥사단은
오늘도 건재하건만 학생운동에 투신하셨던 그날을
용산 청과물시장에서 뛰어넘은 노동의 현장과
그 극복을 위해 설립한 광민사를 기억하시나요?

이 나라 노동운동의 이론화를 위하여
《노동의 역사》를 편찬하던 그 시대의 연마
엄연히 이룩하신 노동운동의 극복과
복지화는 보건복지부장관의 임명을 받으셨고

범국민운동본부의 상임대표로 적임되셨던
국민 복지의 극대화를 위하여 오로지
떠나시는 그 시각까지 대중적인 국민운동을
위해오신 그 걸음 부디부디 평안히 영면하소서

웅비의 뜻을 품고 비상하신 88년
- 이우재 명예회장님 미수연에 부쳐

하늘 더 높고 푸른

이 나라의 가을입니다

천명賤名한 이 겨레

반만년 지켜 오신 억겁億劫의 세월

농촌의 부활賦活과

광활한 도시의 경제를

한 몸으로 불태운 독수리의 꿈처럼

당대의 기상을 이룩하신

고학의 온축과

막중한 정부의 온기를

과감하게 펼쳐 이루어낸

대망의 기획은

역사의 축으로

영원한 버팀목이 되었습니다

여기 충절의 땅

충청남도 예산군 덕산면 목바리

윤봉길 의사님 선대를 지켜 오신 저한당

뿌리 깊은 송죽으로

적소의 빛이 되신 20년의 역사

장부출가생불환 그 큰 뜻 전하시려

시대를 넘고 국경을 넘어

불후의 명언 지켜내신 숭고함이여!

팔십 년 동안

닦고 닳인 구절은

천등 벽력처럼

세상 사람들의 머릿속을 깨우쳤습니다

우주를 가르는 고견의 말씀과

하늘을 우러러

대망의 큰 뜻 펼치심을

어찌 저희 어린 눈과 귀로

헤아리겠습니까

춘하추동 변함없는

의사님의 절개를

땅을 치며 깨우치시던 그 호기와 의지!

이 겨레

선지식의 혼불로 가득 피우시고

영원한 스승님의 그 자리 빛내주시되

저희 모두가

이 가을의 튼실한 나락이

될 수 있도록

기운찬 내일을 영원히 지켜주소서!

기운찬 내일을 영원히 지켜주소서!

3.1 늑약에 대하여

  1905년 을사보호 조약은 일본이 내 건 선비의 옷이었어라 매천 황연 선생은 말씀하셨다 일본이 만들어낸 을사보호 조약은 을사늑약 참상을 덮은 금빛 날개의 장신구였고 그 가려진 속설이 되었다 1910년 일제에 의해 국권을 잃게 되자 이 국치(國恥)를 통분하며 4편의 절명시(絶命詩)를 남긴다 '나라가 선비를 양성한 지 500년이나 되었지만 나라가 망하는 날 한 명의 선비도 스스로 죽는 자가 없으니 슬프지 않겠는가.'라는 글을 새기고 1910년 9월 음독 자결한 매천 황연 선생께선 오늘도 청청한 하늘을 우러르고 계신 것이다

임시정부수립 100주년 기념

　애국선열들의 뿌리로 건립된 대한민국독립의 역사를 지키고 보존해야 할 민족적 기념일을 맞이한 오늘 더 좋은 조국을 만들기 위해 노력해야 할 우리는 민족의 아낌없는 희생을 잊을 수 없다 100년 전 상하이에 임시정부를 세웠던 선열들 앞에 우리 모두 맹세하리라 대한민국 임시정부기념관을 세우고 우리는 그 거룩한 역사를 지켜 2021년 개관을 앞둔 미래를 위해 정진하리라 그 역사적 가치와 기틀을 굳건히 지켜나갈 신명 나는 국민의 토대를 위해 꽃보다 진한 향기를 키워 나갈 수 있도록 다짐하노라 매헌 윤봉길과 백범 김구 선생이 지켜온 희망의 나라 그 이름 대한민국 영원하리라

80년의 약속

지은이 · 임종본
펴낸이 · 유정융
펴낸곳 · 주식회사 동학사

1판 1쇄 · 2025년 8월 15일
출판등록 · 1987년 11월 27일 제10-149

주소 · 04083 서울 마포구 토정로53 (합정동)
전화 · 324-6130, 324-6131 | 팩스 · 324-6135
E-메일 | dhsbook@hanmail.net
홈페이지 | www.donghaksa.co.kr
www.green-home.co.kr

ISBN 978-89-7190-920-1 03810